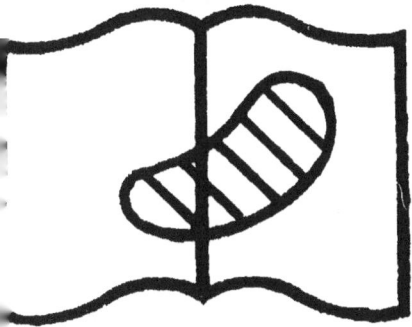

uisibilité partielle

Début d'une série de documents
en couleur

LABLE POUR TOUT OU PARTIE DU
CUMENT REPRODUIT

LÉGENDES

PÉRUVIENNES

PAR

F. DUINE

TOURS

ALFRED MAME ET FILS

ÉDITEURS

Fin d'une série de documents
en couleur

LÉGENDES

PÉRUVIENNES

—

SÉRIE IN-12

La cucaracha. (P. 23.)

LÉGENDES PÉRUVIENNES

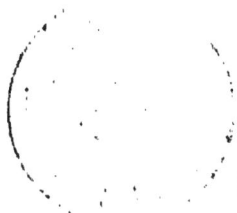

PAR

F. DUINE

Si Peau d'Ane m'était conté,
J'y prendrais un plaisir extrême.
(LA FONTAINE.)

TOURS

ALFRED MAME ET FILS, ÉDITEURS

—

1896

A

LUIS DE LOS REYES

PRÉFACE

MES CHERS ENFANTS,

J'avais d'abord écrit en tête de ce petit livre des choses que je croyais naïvement très érudites. — Vous devinerez plus tard le sens de cette phrase, quand vous aurez usé maints crayons et maintes plumes, quand vous aurez grandi en science, quand vous aurez réjoui vos parents par des récompenses nombreuses. — Mais à toutes les belles considérations que j'avais exprimées, je préfère le plaisir de causer avec vous.

Sachez donc, chers amis, qu'il y a

quelques années se trouvait parmi mes élèves un jeune Péruvien. Pour se consoler d'être bien loin de ses parents, il venait me parler de son pays, — un pays au delà des mers, où le ciel est toujours bleu, où les froids hivers sont inconnus. — Il me disait aussi les contes de sa mère, car les mères sont les mêmes partout, berçant leurs enfants avec la même tendresse, les consolant avec le même cœur, les égayant avec la même imagination.

Ces historiettes, je les ai recueillies afin de vous délasser, et peut-être afin de vous offrir un remède dans vos insomnies, selon ce mot d'un écrivain que j'aime beaucoup : « On n'a rien de mieux à faire que de prêter l'oreille à des contes bleus pour attendre le sommeil. »

Vous allez donc faire de nouvelles connaissances, en premier lieu avec Mlle Cucaracha. C'est une petite bête grosse comme un hanneton; petite tête

aimable, mais légère; bon petit cœur,
quoique un peu trop difficile; un peu
avare, ce qui me désole : l'avarice est
chose si laide !

Vous allez voir aussi un nouveau Poucet et un nouvel ogre. Ce dernier est
un barbare qui veut paraître civilisé :
il reçoit, il possède un salon, il envoie
ses fils à l'école. Mais c'est toujours
un ogre, défiez-vous-en.

Oh! la sainte Vierge! vous la recon-
naîtrez du premier coup. Son visage
divin sourit aux hommes sur toutes les
terres. Là-bas comme ici ses mains
envoient des rayons de lumière, son
blanc manteau abrite les pécheurs, son
cœur vole vers les malheureux; sa com-
passion pour notre faiblesse est infinie.
Un jour elle sauve le pervers imagier
qui, durant une heure chaste, lui dédia
son pinceau; un jour, le poète sans frein
qui voulut, dans une page émue, agiter
en son honneur la douce sonnerie des

mots; un jour, le brigand au sommeil
impassible qui, se souvenant de son
enfance, récita pieusement un Avé.
Dans leur amour, les peuples l'ont ap-
pelée « la dame universelle », et un
vieil auteur écrivait : « Si cheminans
par les glaces et gelées de la nuict,
nous avons enduré du froid et de la
pluye, voici un jardin fermé et un paradis de délices qui se présente à nous
pour nostre rafraischissement. »

Quand vous prierez Marie, n'oubliez
donc pas le bavard qui se plaît en ce
moment à caqueter avec vous, parce
qu'il éprouve un repos ineffable auprès
des petites âmes blanches.

Février 1895.

———

PREMIÈRE PARTIE

FABLIAUX

.

LA CUCARACHA

Dans une prairie vivait une cucaracha. Elle demeurait seule et s'ennuyait beaucoup.

Un jour elle se mit à la fenêtre pour regarder les passants. Tout à coup elle aperçut un sanglier.

« Bonjour, monsieur le porc, dit-elle.

— Bonjour, mademoiselle Cucaracha.

— Désirez-vous vous marier, monsieur le porc?

— Volontiers, mademoiselle Cucaracha.

— Très bien; mais tout d'abord chantez en mon honneur. »

Et sire pourceau fit un morceau de musique à sa manière.

La pauvre cucaracha en fut saisie d'un véritable frisson. Elle tomba tremblante sur son canapé de mousse, et pendant trois jours eut la fièvre.

La solitude ne tarda pas à la fatiguer de nouveau, et de nouveau des idées matrimoniales trottèrent dans sa petite tête de bête.

Elle se mit encore à la fenêtre. Un gros rat, vêtu de son plus bel habit noir, vint la saluer.

« Bonjour, mademoiselle Cucaracha.

— Bonjour, monsieur le rat.

— Que vous êtes jolie, mademoiselle Cucaracha !

— Que vous avez une belle voix, monsieur le rat !

— Voulez-vous m'épouser ?

— Volontiers ; mais, en premier lieu, montrez-moi votre talent musical. »

Et le rat chanta. Ce ne fut pas une merveille. Cependant, ravi de son propre concert, il voulut y joindre des preuves de sa bonne grâce : pour caresser sa future, il leva gauchement une lourde patte. La cucaracha froissée le renvoya, puis se renferma tristement dans sa logette.

Dès le lendemain, la voici une troisième fois à son poste d'observation. Une souris blanche aux petits yeux rouges se présente.

« Mademoiselle Cucaracha, vous paraissez chagrine.

— C'est bien vrai, petite souris.

— Mademoiselle Cucaracha, voulez-vous que nous nous mariions ensemble?

— J'en serais fort heureuse, petite souris. »

Alors, dans sa joie, petite souris fit un chant très doux : cui, cui, cui... si finement, que la cucaracha se sentit émue.

La nuit suivante, celle-ci sortit dans la prairie, afin d'inviter à ses noces les bêtes au bon Dieu et les vers luisants. Elle se disait que les bêtes au bon Dieu

ne sont point gourmandes et qu'on les
régalerait sans frais, tandis que les vers
luisants auraient la complaisance d'illu-
miner la salle.

Pendant cette belle expédition, petite
souris préparait une bouillie délicieuse,
une bouillie de grand festin. Quand elle
crut son mets cuit à point, elle grimpa
sur le haut de la casserole pour goûter,
comme fait une parfaite cuisinière. Hélas !
la vanité l'avait grisée, et, arrivée au sommet, elle tomba dans la pâte brûlante.

Cucaracha rentra, chercha vainement
son compagnon.

« Où es-tu, petite souris ? »

Nulle réponse.

De désespoir elle se jeta dans la bouillie
et fut rôtie.

Ainsi vécut et mourut la cucaracha.

LE TAUREAU ET LE RENARD

Par une belle soirée de lune, deux grands amis des forêts, le taureau sauvage et le renard, se promenaient ensemble, causant de ceci et de cela. Sire taureau racontait ses prouesses, disant combien de grenouilles il avait écrasées en traversant un marais. Dom renard parlait de ses pèlerinages et de la générosité avec laquelle il laissait la vie aux poulets... qu'il ne pouvait pas prendre.

Les deux compagnons arrivèrent dans une clairière, près d'un petit étang limpide. L'onde reflétait la lune avec toute sa splendeur.

« Monseigneur el Toro, s'écria le re-

nard, que pensez-vous de ce fromage ?
Pas un magasin de Lima n'en tient un
pareil. Qu'il est regrettable qu'un noble de
votre capacité ne puisse boire toute cette
eau ! le fromage resterait à sec. Quel
régal dû à votre magnificence !

— Petit sorro, sois tranquille ; trois ou
quatre de mes lampées viendront à bout
de cette pauvre mare. »

Sire taureau se mit au travail. Il fit si
bel et si bien, que l'étang baissa. Mais son
ventre était gonflé, gonflé, tellement gonflé, que la bête, incapable de le porter,
roula à terre.

Dom renard s'approcha et, lui posant
la patte sur la joue :

« Monseigneur el Toro, dit-il de son
air le plus câlin, la pauvre mare n'est
pas encore à sec. Grâce au ciel, j'ai beaucoup étudié ; je puis donc, par une opération chirurgicale, rendre à Votre Majesté
sa légèreté première. Alors, à n'en pas

douter, vous exterminerez cette fois l'étang rebelle.

— Petit sorro, je me suis toujours plu à reconnaître que tu avais un certain esprit. Agis selon ta science. »

Immédiatement renard, d'un coup de griffe, lui ouvrit le ventre.

« Holà! tu me tues!

— Non, sire, j'ouvre un passage à l'eau. Je recoudrai ensuite. »

Et d'un second coup de griffe, il acheva son œuvre. L'eau sortit, et la vie aussi.

« Allons, se dit le sorro, voilà ce grand nigaud dans le royaume tranquille. Mange le fromage qui voudra, mon estomac délicat préfère la volaille. »

Mais le renard, qui avait si cruellement fait payer au taureau sa vanité, fut bientôt pris à un piège et tué, au chant joyeux et moqueur des coqs.

DEUXIÈME PARTIE

LÉGENDES

LE DAMNÉ

Un vieillard et un jeune homme habitaient l'un à côté de l'autre. Ils aimaient à causer et à se promener ensemble; mais ils ignoraient le chemin de l'église, et leurs paroles déplaisaient à Dieu.

Un jour qu'ils allaient visiter les moissons, pendant un délicieux après-midi d'été, voici que le jeune homme pâlit, et sa voix baissa, et il rendit l'âme.

Le vieillard effrayé s'enfuit. S'étant enfermé dans sa chambre, il pleura. Lorsqu'il eut pleuré si longtemps, avec tant d'amertume, que là nuit était venue sans qu'il s'en aperçût, il chercha le repos dans le sommeil.

A peine avait-il fermé les yeux, qu'un fantôme se dressa devant lui, et l'apparition le menaçait. Alors il sentit se réveiller en son cœur toute sa confiance dans la Vierge. Il récita le rosaire, et la vision sinistre disparut.

La lendemain matin, il voulut commencer sa journée par ensevelir son ami.

Et il alla. Mais de cette tendre fleur il ne restait qu'une tige flétrie. Pendant les ténèbres, des bêtes féroces avaient dévoré les chairs. A ce spectacle horrible, il recula d'épouvante. Le courage lui manqua pour rendre les derniers devoirs à un tel cadavre.

La nuit suivante, le fantôme revint encore et dit :

« Malheur à toi, car je suis damné. Tes pernicieux exemples ont souillé mon âme. Oh ! je te traînerai dans les enfers. »

Le vieillard, couvert de sueur, tremblant comme une feuille d'automne, s'écria :

« Notre-Dame de grâce, à mon secours ! »

Aussitôt le fantôme s'évanouit, et la di-
vine figure de Marie illumina le pécheur.

« Infortuné chrétien, lui répondit-elle,
je ne puis vraiment pas te défendre; tes
crimes forment des montagnes. »

Et il éclata en sanglots, soupirant :

« C'est donc fini ! je suis perdu ! »

La Vierge reprit :

« A cause de la justice de Dieu, le condamné a le droit de te poursuivre. Mais,
chaque fois qu'il voudra te saisir, jette
l'un de ces objets. »

La Mère du Sauveur retourna vers les
cieux. Le pénitent trouva sur son lit un
peigne d'ivoire, un savon de neige, une
image sainte, des lunettes d'or.

Ces armes étranges ne diminuèrent
pas sa foi en la toute-puissante Protec-
trice, et, quelques jours plus tard, il
constata leur efficacité.

En effet, le condamné, s'étant avancé
de nouveau vers son compagnon de dé-
sordre, le maudit étendit la main pour
l'attirer dans un abîme de feu. Vite le
pécheur jeta le peigne d'ivoire et s'enfuit.
Immédiatement se forma une épaisse
barricade d'épines, et l'ennemi fut arrêté.
Après de sanglants efforts, le démon
passa. Furieux, il allait atteindre le fugi-
tif, quand celui-ci laissa tomber le savon
de neige. Aussitôt un lac de glace s'étendit sous les pieds du persécuteur. Il mit
longtemps à le traverser; toutefois il ne
tarda pas à rejoindre le vieillard, que ses
jambes débiles pouvaient à peine porter.
Le pécheur tremblant lança comme une
flèche l'image sainte. Alors se dressa une
chapelle où le réprouvé dut courber les
genoux et adorer.

Une telle humiliation excite la rage en
son cœur. Enfin il touche la tête de son
ancien complice! Mais les lunettes d'or

Le damné.

se transforment en un mur hérissé de verres aigus, et, pendant que le maudit tente une cruelle escalade, le protégé de Marie pénètre dans un monastère voisin.

« Seigneur abbé, dit-il, bénissez la porte d'entrée, afin que les démons n'y puissent rien. »

Le moine accomplit ce rite. Puis le vieillard raconta son histoire et la providence merveilleuse de la Vierge. Il vécut dans ce couvent plusieurs années, y pratiquant des austérités effrayantes. Il devint même un grand saint, et Notre-Dame lui ouvrit la porte du paradis.

LA MÉCHANTE SŒUR

Juana, l'aînée, était laide et méchante; Magdalena, la plus jeune, était douce et belle.

Un jour l'on offrit comme présent à chacune d'elles un joli petit mouton. Traité avec bonté, couvert de caresses, l'agneau de Magdalena suivait sa maîtresse partout; c'était un ami fidèle. Juana se fit détester de son propre mouton; par jalousie, elle tua l'innocente bête qui appartenait à sa sœur.

Ce fut pour celle-ci un chagrin véritable; mais son bon cœur l'empêcha de songer à la vengeance.

Le lendemain, elle se rendit auprès

d'un ruisseau large et profond aux eaux limpides. Elle voulait y purifier les entrailles de son agneau chéri, afin d'en faire ensuite un mets délicat pour son vieux père.

De même eussent agi, au temps de Nausicaa, les princesses filles des rois.

Pendant qu'elle procédait à cette opération, sa main abandonna les chairs :

« Hélas ! cria-t-elle, le courant les emporte. *Ah! mi tripita que se escapa!* »

Elle courut aussitôt vers une marchande de bois qui se trouvait à peu de distance :

« Bonne *leñera*, n'auriez-vous pas vu passer les tripettes que je nettoyais ?

— Non, belle enfant. Adressez-vous plutôt à cette blanchisseuse qui savonne son linge là-bas.

— Bonne *lavandera*, n'auriez-vous pas vu passer les tripettes que je nettoyais ?

— Non, belle enfant. Adressez-vous plutôt à la marchande de grains qui se trouve non loin d'ici.

— Bonne marchande d'alfalfa, n'auriez-vous pas vu passer les tripettes que je nettoyais?

— Non, belle enfant. Adressez-vous plutôt à la fée Benigna elle-même. En ce moment elle est chez ma voisine, qui est pauvre et souffrante. »

Magdalena n'hésite pas. Elle entre dans la maison indiquée, s'agenouille devant la noble fée et expose l'objet de son désir.

Celle-ci répondit :

« Chère *niña*, tu retrouveras les entrailles de ton agneau. J'y mets seulement une condition : c'est que tu balayes cette chambre et que tu en époussètes les tristes murs. La propreté de l'appartement réjouira la malheureuse créature que je suis venue consoler.

— Douce enchanteresse, je suis trop heureuse d'accomplir vos ordres. »

Avec activité la noble fille fait disparaître et la poussière et les toiles d'araignées.

La fée eut alors un beau sourire; sa voix devint tendre comme la caresse d'une sœur bien-aimée :

« Merci, enfant de mon cœur, dit-elle, *querida criatura!* »

Puis elle ajouta joyeusement :

« Ne cherche plus les chairs de ton mouton. Je veux plaisanter avec toi; écoute : aussitôt que tu entendras un coq chanter, tu lèveras la tête; aussitôt que tu entendras un âne crier, tu la baisseras. »

Magdalena fut un peu désappointée : elle s'attendait à autre chose. Mais elle résolut, par obéissance, d'être fidèle à cette étrange invitation.

Au bout de quelque temps, le coq pousse son coquerico. Elle lève la tête et reçoit sur son front une couronne merveilleuse, brillante comme les étoiles des beaux soirs. Une minute après, un *borrico* fait entendre son gosier peu musical. Elle

baisse la tête et voit un bouquet de fleurs
si belles, qu'il ne doit en éclore de sem-
blables que dans le paradis du bon Dieu.

Magdalena hâte ses pas pour raconter
à son père le bienheureux événement.

Le récit de ce qui s'était passé irrita
vivement Juana.

« Oh! dit-elle avec dépit, j'obtiendrai
facilement le même bonheur. Il suffit
d'être habile! »

Remplie de ces pensées, elle fait venir
son mouton. Sans pitié pour ses bêle-
ments plaintifs, elle le tue, puis se rend
au ruisseau, lave les chairs de sa victime,
et, bien à dessein, les abandonne au courant.

Les ondes emportent au loin, avec un
doux murmure, les entrailles du petit
agneau sacrifié.

La méchante fille pose les mêmes ques-
tions que sa sœur à la marchande de
bois, à la blanchisseuse, à la marchande

d'herbes. Mêmes réponses. Sans pudeur aucune, elle se présente à la maison où était Benigna.

« Ah! *señora*, j'ai perdu par mégarde les jolies tripettes que j'étais obligée de nettoyer. Soyez donc assez bonne de me les rendre, car je pourrais bien être battue en rentrant chez moi, si je ne les présentais pas. »

Entendant ces mensonges, la très douce fée ne put empêcher la rougeur de monter à son front très pur. Elle dit cependant avec bienveillance :

« Ma fille, soyez sans inquiétude; acceptez seulement mes conditions. Vous nettoierez cette humide chambre d'une pauvrette, vous ferez le lit et vous mettrez en ordre les meubles vermoulus.

— Impossible, *señora*, je me salirais. »

L'enchanteresse ne sourit pas. Ses longs cils s'abaissèrent tristement, comme un

nuage qui vient cacher l'azur du ciel.
Elle parla :

« Enfant, je tiens à récompenser selon
leur mérite vos sentiments de délicatesse.
Toutefois je vous demande une chose :
vous irez dans telle maison inoccupée
depuis hier; là vous briserez les chaises,
vous casserez la vaisselle, vous renver-
serez tout sens dessus dessous.

— Bien volontiers. »

Et Juana s'éloigne rapidement pour
accomplir cette mauvaise besogne. Un
quart d'heure après elle revient triom-
phante :

« C'est fait, » cria-t-elle.
Benigna lui répondit :

« Quand un coq va chanter, levez la
tête; au contraire, baissez-la quand un
âne va crier. »

Ravissement de Juana.

Voici que le coq chante. Levons vite
la tête. Quelques gouttes corrosives tom-

bent sur son front et y gravent trois taches affreuses : *tres feas estrellas.*

L'âne crie. Baisser la tête, c'est peut-être le salut. Elle aperçoit tout entouré d'orties un bouquet de ces fleurs que le langage populaire appelle jalousies : *un ramo de envidias rodeado de ortigas.*

Quelle confusion ! quelle honte !

Juana rentre à la maison et raconte avec rage une partie de ses aventures.

Je ne sais si la leçon lui profita. J'en doute : il faut du cœur pour se corriger.

TROISIÈME PARTIE

CONTES

LES TROIS DEMOISELLES

———✦———

A Callao, port de Lima, tout le monde connaissait une bonne mère qui avait trois filles mignonnes au possible. On en raffolait dans la famille. D'ailleurs, lorsque Cecilia, Inès et Lucia se promenaient le long du rivage, les yeux les plus jaloux regardaient avec admiration ce petit cortège de modestie et de beauté.

Malheureusement, à leur naissance, une méchante fée leur avait obstrué un minime instrument bien précieux : le nez. Les pauvres chéries nasillaient, nasillaient affreusement.

« Enfants, dit un jour leur mère, je suis obligée de m'absenter pendant plusieurs heures. Peut-être va-t-il venir quelqu'un. Dans ce cas, je vous en supplie, ne prononcez pas une parole. »

Nos demoiselles rougirent et se contentèrent de répondre par un signe d'assentiment.

Leur mère était à peine sortie, qu'arrive une grande visite. Cécilia reçoit les étrangers avec une grâce parfaite, fait voir les appartements les plus beaux, offre des rafraîchissements... Les hôtes sont ravis de ses manières délicates.

Ils se disposent enfin à quitter la maison, très étonnés que la jeune fille n'ait pas encore prononcé un seul mot.

On se dirige vers le portail de la cour d'entrée.

Tout à coup Cécilia découvre un coq, le coq le plus charmant que l'on puisse rêver. Elle s'écrie :

« Oh ! regardez un peu ce merveilleux petit animal ! *Señor, mire usted ese gaillito.* »

Les trois demoiselles.

Au son étrange de cette voix, vrai miaulement d'un chat enroué, les visiteurs se regardent avec surprise, puis se donnent des coups de coude, puis ont peine à dissimuler leur hilarité.

Mais voici qu'une autre voix, douce comme les notes aiguës d'une mauvaise corde de violon, se fait entendre :

« *Ah! imbecil, tu mama te habia dicho de no ablar,* ta mère t'avait dit de ne pas causer. »

Hélas! Inès, à son tour, n'avait pu retenir sa langue.

Cette fois, les visiteurs cherchent à cacher, sous une toux opiniâtre, les bouffées de rire qui leur montent à la gorge.

Pour comble de malheur, Lucia, la plus jeune des trois, accourut joyeuse, et de toutes ses forces nasillonne ces paroles triomphantes :

« *Le bueno es que yo nan he ablado,* ce qu'il y a de bon, c'est que je n'ai pas bavardé. »

Ah! Seigneur! toutes n'avaient que trop caqueté.

Quel mauvais tour peut jouer le plus joli petit nez!

Cécilia, Inès et Lucia, au désespoir de leur sottise, rentrent dans la maison. Leur mère arrive bientôt :

« Eh bien, il est venu quelqu'un?

— Oui, *querida madre.*

— Vous n'avez pas parlé ?

— Non; c'est-à-dire que nous... nous... nous...

— Je devine; il ne manquait plus que cette histoire pour vous couvrir de honte.»

Et la bonne maman, très en colère, les enferma chacune dans une chambre spéciale.

« Au moins, de cette manière, leur dit-elle, vous ne pourrez plus babiller. »

Illusions maternelles!

L'HOMME FORT

ET

LA PREUVE QU'IL SE TROMPAIT

———◆———

Marco était un homme dont la force herculéenne était connue dans son pays et bien au delà. On le craignait tant, qu'à peine osait-on lui parler. Un jour il fit annoncer à deux cents lieues à la ronde que si jamais en sa présence un audacieux tirait la langue ou prononçait des insolences, ce serait un cas de mort. Cependant des joueurs de farces très réputés ne purent résister à l'envie de lui faire quelques plaisanteries malignes. En dépit de toute leur adresse, aucun tour ne réussit, et l'homme fort les envoya s'amuser dans le royaume des défunts.

Quatre ans se passèrent sans qu'un bateleur se présentât devant le terrible Marco. Ce dernier en était très piqué, car il aimait à rire. Alors il fit connaître dans les deux Amériques que l'individu assez adroit pour se moquer de lui en face, sans qu'il s'en aperçût, aurait sa fille en mariage et ses palais en succession.

Un jeune homme nommé Jacobo, aussi pauvre que spirituel, ayant appris cette promesse, prit aussitôt la résolution de la faire exécuter à son profit.

« Mère, dit-il, veux-tu me permettre d'accomplir un voyage de quelques jours ? Je t'assure qu'ensuite nous serons très riches et que nous pourrons vivre tranquillement.

— Mon fils, ta demande n'est pas raisonnable. Ce n'est point en courant le monde

qu'on attrape l'or. Puis il te va falloir
prendre le peu de monnaie que nous
avons, c'est-à-dire perdre l'acquis pour
l'incertain.

— Ah! si tu savais mon projet! Je suis
sûr du succès.

— Pars donc. Mais expose-moi tes
plans. »

Jacobo s'y refusa avec politesse, allé-
guant qu'il préférait lui ménager une
heureuse surprise.

Il dépensa toute sa modeste fortune
en un bel habit, remplit ses poches
de fromage appétissant, et se mit en
route.

Arrivé à la ville, il pria des gardes de
le conduire chez l'homme fort.

Celui-ci le reçut joyeusement, en présence de plusieurs officiers de sa maison.
Gagné par ses manières agréables et sa
bonne mine, il lui demanda de raconter
son histoire. Jacobo fit un récit charmant,

A la fin cependant il s'embrouilla, bre-douilla, dit en rougissant :

« En vérité je ne sais ce que j'ai à la langue, je ne puis causer.

— Seriez-vous malade? reprit Marco. Montrez-moi votre palais. »

Le jeune homme s'approcha du visage de son interlocuteur, lui ouvrit une bouche effrayante, avec les contorsions les plus comiques... Les assistants avaient toutes les peines du monde à ne point éclater de rire.

A ce moment entra la fille de Marco. Aussitôt Jacobo, reprenant une contenance parfaite, la salua des titres les plus flatteurs, et, se tournant vers son père, commença d'un air très sérieux, en indien, un discours insultant.

« Je ne comprends rien à ce langage, disait l'homme fort. Veuillez répéter. »

Et l'autre obéissait volontiers, ajoutant avec un malin sourire :

« Je regrette de ne pouvoir vous traduire ces choses en espagnol, d'autant plus qu'elles sont pleines de vérité; mais c'est impossible. »

Les officiers, qui tous savaient l'indien, se mordaient les lèvres pour contenir leur hilarité.

Toujours est-il que Marco regarda ce visiteur comme une merveille et, suivi de son cortège princier, lui fit voir son palais. Rentré au salon, il lui dit :

« Votre esprit m'a ravi. Désormais un de mes châteaux vous appartient.

— Mon seigneur, répondit Jacobo, ne dites pas un de vos châteaux, mais bien votre fille et tous vos domaines.

— Comment, misérable ! Explique-toi, ou je te fais étrangler.

— Du moins, Monseigneur, vous aviez promis tous ces biens à qui vous tirerait la langue et vous débiterait des injures.

Je n'y ai pas manqué. De votre côté, ne manquez pas à vos engagements. »

Les officiers appuyèrent ces paroles.

Marco reprit :

« Votre demande est légitime; mais je tiens à connaître votre force. Choisissez une épreuve.

— Qu'on m'apporte une pierre. »

L'ayant reçue, Jacobo l'offrit à l'homme fort en le priant de la briser.

Les efforts de celui-ci furent vains.

« Ce n'est cependant pas difficile,» s'écria Jacobo. Et avec une adresse consommée il fit glisser le caillou dans sa manche, montra vivement un morceau de fromage qui lui restait, l'émietta sans peine et en ramassa rapidement les restes dans son habit.

Les spectateurs restèrent stupéfaits.

« Décidément, dit l'homme fort, je suis vaincu. Tout ce que j'ai vous appartient. »

Aussitôt commencèrent les cérémonies du mariage. Elles furent d'une splendeur sans pareille. Sur l'invitation de son fils, la mère de Jacobo vint au palais et vécut heureuse jusqu'à la fin de ses jours.

LA DÉSOBÉISSANCE

Un prince avait trois fils que le peuple aimait beaucoup, que leur père chérissait davantage, que leur mère idolâtrait.

Un jour le prince reçut une lettre d'un ennemi mortel. Elle fut la cause de bien des larmes au palais, car elle disait :

« Que vos fils partent immédiatement chez tel roi, — un monstre de barbarie! — Malheur à eux s'ils n'y vont pas ! vous me connaissez. »

Le prince appela ses enfants. Il les entretint avec une tendresse inaccoutumée et il s'écria :

« Hélas! il faut que vous me quittiez

pour un pays lointain, pour un voyage dangereux. »

Puis il leur indiqua l'ordre terrible, ajoutant :

« Du moins, vous vaincrez les périls en demeurant fidèles aux conseils que je vais vous donner.

— Père, soyez sans crainte sur notre obéissance à vos instructions.

— Mes fils, vous trouverez deux chemins : l'un étroit, long, raboteux; l'autre large, court, semé de fleurs.

« Prenez le premier, laissez le second.

« Lorsqu'on vous insultera, demeurez impassible, continuez votre route.

« Ne faites aucune question indiscrète. Si l'on vous montre un objet, regardez, écoutez, n'interrogez point.

« En observant ces trois préceptes, votre salut est assuré, et par suite le bonheur de vos parents. »

Alors le prince embrassa ses enfants, la princesse les pressa sur son cœur, et ils partirent.

Au bout de trois journées, ils arrivèrent à un carrefour. L'aîné explora le terrain et dit :

« Pour moi, je ne sais ce qu'est la peur, ma lance me suffit ; donc je suivrai le chemin le plus spacieux et le plus commode.

— Mon frère, repartit le cadet, ma lance vaut la tienne et mon courage aussi. Donc j'imite ton exemple.

— Hé quoi ! s'écria le plus jeune, vous oubliez ainsi les promesses faites à notre père ! Je préfère la route la plus difficile, puisqu'il me l'a choisie. »

Les deux autres l'interrompirent :

« Frère, penses-tu nous faire la leçon ? Si nos parents avaient vu cette misérable voie, jamais ils ne nous auraient conseillé de la prendre. En avant ! »

Et les aînés suivirent le chemin le plus agréable. Or ils marchèrent longtemps, ne voyant que des arbres magnifiques, des violettes et des roses, et un ciel sans nuage.

« En vérité, disaient-ils, notre petit frère est trop naïf ! »

Celui-ci, sur la route rocailleuse, avançait avec peine ; mais, aux moments pénibles, il songeait avec effroi à la désobéissance des autres. Certes, il avait raison : à un détour, une bête féroce s'élança sur eux et les dévora. Lui, pendant quinze jours, marcha courageusement.

Enfin il aperçut un château. C'était le terme de son voyage.

Il se présenta.

Le maître, auprès de qui on l'introduisit, n'était autre que ce roi féroce dont le nom seul fait frémir.

« Ah ! te voici, fit-il à l'arrivée du

La désobéissance.

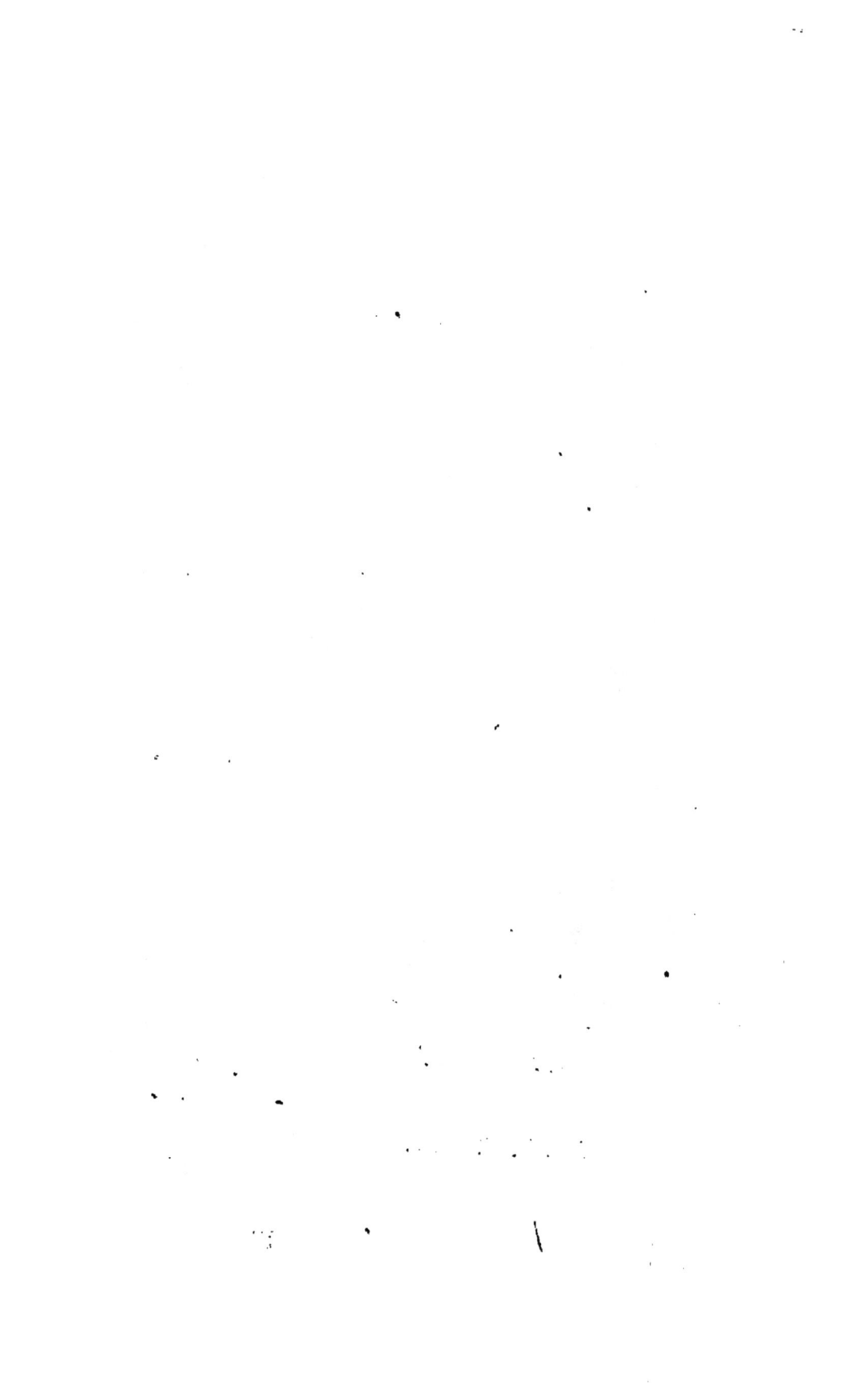

prince ; où sont tes deux frères? Le lion de mes bois les a donc mangés? Mais console-toi, chétif, d'avoir échappé à sa dent. Ma broche est encore là pour te faire rôtir. Approche. »

Devant ce langage insolent, le jeune homme refoula l'émotion, ne répondit rien et s'avança.

Le roi, très étonné de ce calme, continua :

« Tu es plus fort que je ne croyais. Entre ici. »

Et il le conduisit dans une salle magnifique, où se trouvait une jeune fille attachée par une chaîne de fer à l'angle d'un mur.

« Méchant garçonnet, dit-il, sais-tu pourquoi je lie mon enfant?

— Ma foi! non, repartit le prince. Peu m'importe. »

Le roi, piqué de cette réponse insouciante, s'écria :

« Tu as donc tout vu ! Entre ici. »

Il le mena dans un appartement ruisselant de pierreries, au fond duquel dormait un singe que des liens d'or tenaient assis à un trône d'ivoire.

Le visiteur ne témoigna aucun étonnement et ne fit pas une question.

« Ce spectacle n'est pas commun, dit le roi. Qu'en penses-tu ?

— Je n'en sais rien.

— Interroge-moi, je te fournirai des explications.

— Peu m'importe. Chez mon père, je pourrais m'amuser à faire la même chose.

— Décidément, tu joues bien le rôle d'un sage. Entre ici. »

Alors le roi ouvrit à son hôte une immense chambre, où quelques faibles rayons de lumière permettaient de voir, suspendues aux murailles, neuf cent quatre-vingt-dix-neuf têtes d'hommes, noirs et blancs, ce qui formait un horrible damier.

Le jeune homme se contint.

« Devines-tu pour quelle raison ces têtes sont là? demanda le maître en riant.

— Peu m'importe. Je pourrais décapiter nos moutons inoffensifs et orner mes salles dans le même genre. »

A cette réponse, le roi parut fort triste. Il introduisit le prince dans un salon, et lui dit :

« Enfant, ta tête eût été la millième si ton obéissance aux ordres de ton père ne t'avait sauvé et ne m'avait perdu. Par l'ordre des fées je dois mourir, puisque je suis vaincu. Tu es mon héritier, sois heureux. »

Ce disant, il expira.

Le jeune homme envoya une lettre à ses parents, leur racontant ce qui s'était passé.

« Cher fils, lui écrivirent ceux-ci, tu peux maintenant prendre sans crainte le chemin le plus agréable. »

Le prince obéit. Il revit son père et sa mère, et il vécut de longs jours dans la richesse et le bonheur.

———

PATON, PATIN, PATITA

Je vais vous conter l'histoire de trois enfants, dont l'aîné s'appelait Paton, le cadet Patin, le plus jeune Patita.

Leur mère étant tombée malade, ils allèrent à la ville chercher le médecin. En route, ils s'arrêtèrent pour s'amuser. Après qu'ils eurent gambadé jusqu'à n'en pouvoir mais, Paton leur dit :

« Mes amis, il me vient une idée. Notre mère est trop riche. Il ne serait point mauvais que nous eussions son argent. »

Tous approuvèrent.

« Nous pourrions jouer mille fois plus, courir le monde et nous faire admirer.

Voulez-vous que je vous indique un bon moyen d'y parvenir?

Tous s'écrièrent en chœur :

« Lequel? Dis-nous-le bien vite.

— Bah ! vous êtes trop poltrons pour l'employer. »

Et tous reprirent :

« Poltrons, nous ! Pas plus poltrons que toi.

— Eh bien, c'est très simple. Nous allons rentrer et débiter ceci : « Le docteur vous ordonne de boire pour remède un bol de café. » Elle le prendra, mais nous y aurons versé une poudre à dormir.

— Décidément, Paton, tu as de l'esprit, dirent les frères en riant. Nous sommes des tiens. Mais notre père ?

— Soyez sans crainte. »

Ils rentrèrent à la maison. Ce qui avait été convenu fut exécuté. L'aîné, ayant préparé la boisson et l'ayant empoisonnée, l'offrit à sa mère, qui naturellement l'ac-

cepta sans défiance. Il en présenta de plus
une tasse à son vieux père, le priant de
prendre cette potion, qui, d'après le médecin, le délivrerait de tous maux.

Puis aussitôt il courut annoncer à ses
frères l'exécution du criminel projet, leur
proposant de diviser l'héritage. Ce dernier se composait de trois cents ducats
d'or et d'une barrique de vin.

Les ducats formèrent sans peine trois
sommes égales, mais le partage du vin
n'était pas aussi facile.

« Voyons, dit Patita, faisons un trou
dans le tonneau. J'y appliquerai ma bouche, qui est la plus petite; pour fermer
complètement l'ouverture, Patin mettra
sa bouche au-dessous et Paton au-dessus.
Quand nous aurons bien bu, nous pourrons discuter ce que nous devons faire. »

Ainsi dit, ainsi fait.

Patita buvait abondamment; Patin rece-
vait bon nombre de gouttes; Paton aspirait

de son mieux et n'obtenait pas grand'chose.

Au bout de quelques minutes, l'aîné murmura :

« Patin, bois-tu ?

— Pas beaucoup.

— Patita, bois-tu ? »

Celui-ci embrassait la barrique et ne pouvait répondre.

« Patita, es-tu ivre ? »

Il avait bien autre chose à faire qu'à parler.

Les frères secouèrent sa tête rubiconde; alors un jet de vin s'élança du tonneau :

« Ah ! ah ! crièrent-ils, voilà le mystère, tu absorbais tout ! Eh bien, misérable buveur, tu nous diras bientôt des nouvelles de l'eau salée. »

Et ils l'enfermèrent dans un sac pour le jeter à la mer.

Ils le transportèrent sur la route du port; mais à mi-chemin, fatigués, ils déposèrent leur charge à terre.

« Je crois, dit Paton, que nous ferions bien de boire d'abord la barrique. Nous donnerons ensuite le grand rafraîchissement à notre petit frère. »

Et ils s'éloignèrent, ayant déposé leur fardeau dans un champ voisin, au pied d'un arbre.

Or un pasteur vint à passer par là. Patita, entendant le bruit de ses pas, l'appela de toutes ses forces :

« Au secours! Délivrez-moi ! »

Le pâtre étonné ouvrit le sac.

« Qui êtes-vous? »

Patita répondit sans hésiter :

« Une femme d'une fortune incroyable veut m'épouser ; de peur que je ne luï échappe, elle m'a enfermé comme vous pouvez le voir; mais jamais je ne consentirai à un tel mariage, je suis déjà trop riche. Si vous aimez la vie large, les pierreries et les diamants, je vous offre ma place.

— Volontiers, » repartit le berger, qui était très pauvre et devant qui miroitaient des millions dans un palais d'or et de marbre.

Ravi d'être délivré et d'avoir joué un mauvais tour, Patita prit les brebis du pasteur et s'en alla.

Pendant ce temps, les deux aînés étaient rentrés à la maison et avaient constaté avec fureur que le vin était sorti par l'ouverture, qu'ils avaient oublié de fermer.

Ils revinrent donc sur leurs pas, décidés à ne point épargner leur frère. Arrivés au champ, ils reconnurent le sac, l'emportèrent sans mot dire.

« Holà! belle dame, disait le berger, je consens à me marier.

— Entendez-vous ce coquin? répondait Paton; ce coquin qui se moque de nous en débitant des sornettes et en contrefaisant sa voix?

— Oui, oui, ajoutait Patin, dont un vigoureux coup de poing faisait sonner la victime, nous allons célébrer tes noces avec la mer. »

Et ils exécutèrent leur dessein, malgré les gémissements de l'infortuné pasteur.

En retournant chez eux, ils passèrent près de la prairie où Patita, devenu berger, conduisait ses brebis. Ils aperçurent de loin leur frère et coururent à lui, stupéfaits.

« Hé ! leur dit Patin, qui s'avança vers eux, c'est bien moi ! Je vous suis bien reconnaissant de m'avoir lancé dans les flots. Figurez-vous qu'à mon arrivée au fond, des poissons à tête d'homme sont venus au-devant de moi et m'ont conduit dans d'immenses jardins, très accidentés, illuminés de milliers de petites étoiles, ornés des arbres les plus brillants et les plus curieux. Des troupeaux fantastiques se promènent lentement à travers ces lieux enchanteurs. Je voulais choisir une grotte avec l'espoir d'y habiter toujours, quand un poisson ailé m'a déclaré qu'il était impossible de songer à un pareil projet. Comme je pleurais, il ajouta :

« — Nos règlements sont formels, ils excluent les hommes de notre compagnie. Console-toi cependant, nous allons te remettre sain et sauf sur la grève et te donner une centaine de moutons. »

« A peine avait-il prononcé ces paroles, que je me retrouvais dans la campagne, tel que vous me voyez.

— Quelle chance tu as ! s'écrièrent les auditeurs émerveillés. Mets-nous dans un sac et porte-nous là-bas.

— J'y consens. C'est un service que je dois vous rendre. »

Il les lia, les ramassa dans une toile, et, malgré leurs réclamations, les traîna quelque peu sur des rocs aigus.

« Comment ! riait-il, vous osez vous plaindre avant de faire visite à la vaste

mer et à ses habitants? Attention! le moment est venu!

— Frère, demandèrent Paton et Patin,
attache-nous une grosse pierre afin que
nous arrivions plus tôt.

— Certainement, mes chéris. Je tiens
à ce que vous ayez tout le nécessaire
pour couler directement. »

Et il les jeta dans l'eau.

Puis il retourna plein de joie à ses
moutons. Mais bientôt il tomba malade;
pendant quatre nuits des squelettes vinrent
le flageller avec des cordes de fer, et un
matin le démon l'étrangla.

GERMAIN LE GRAND

ET

GERMAIN LE PETIT

———◆———

Un marchand de chevaux avait deux fils. L'aîné s'appelait Germain le Grand, et le plus jeune Germain le Petit. Chacun d'eux avait reçu de son père trois juments blanches.

Le jour des courses étant venu, les deux frères se présentèrent pour gagner le prix.

Mais l'aîné dit au plus jeune :

« Je ne veux pas t'avoir pour concurrent, ta jument marche trop bien; aussi résiste-moi, et je la tue. »

L'autre s'obstinant, Germain le Grand exécuta sa menace. Germain le Petit en eut beaucoup de chagrin, et il se rendit aussitôt chez sa marraine, qui était un peu sorcière et dont il avait toujours été l'enfant gâté.

« Donnez-moi un bon conseil, lui dit-il, afin que je puisse me venger. »

Elle répondit :

« Mon préféré, prends la peau de ta jument blanche, voyage dans tel pays et fais tout ce que je vais t'indiquer. »

Le Petit alla donc en une ville lointaine. Pour obéir aux instructions de sa marraine, il monta sur le haut d'une cheminée, regarda par l'ouverture, aperçut à l'intérieur d'un appartement des gens qui faisaient bombance. Alors il descendit de son observatoire et demanda l'hospitalité. On le servit très maigrement.

« Je suis fatigué, dit-il ; je vous en prie, apportez-moi des côtelettes et du vieux vin. »

Les hôtes répliquèrent :

« Nous n'en avons pas.

— Comment! vous n'en avez pas? Je vais interroger mon ami. »

Il mit à terre la peau de sa jument blanche, la pressa du pied, ce qui la fit craquer, car elle était sèche.

« Oh! oh! s'écria-t-il, feignant de prêter une oreille attentive à ce bruit, elle me raconte qu'avant mon arrivée vous vous réjouissiez et qu'en m'entendant frapper à la porte vous avez prestement ramassé vos meilleurs plats. »

Le maître stupéfié servit ce qu'il avait de mieux, ajoutant :

« Vous possédez un serviteur bien utile.

— Certes! Aussi je ne l'abandonnerais pas pour cent ducats.

— Eh bien, je vous en propose deux cents. »

Après s'être fait prier, Germain le Petit accepta la somme et se hâta de fuir.

Il alla trouver son frère, lui montra son or et lui dit :

« J'ai tué mes trois juments blanches, je me suis promené dans les rues en chantant : Qui veut des peaux, des peaux superbes? Et voilà ce que j'ai gagné. »

Germain le Grand songea :

Ce n'est pas difficile, je vais en faire autant.

Aussitôt pensé, aussitôt exécuté. Mais tous les corroyeurs, furieux d'avoir un nouveau concurrent, se mirent à sa poursuite et manquèrent de l'écorcher vif. Il courut alors chez la marraine de son frère.

« C'est toi, brailla-t-il, qui es la cause de mon malheur; car c'est toi, j'en suis sûr, qui as provoqué tous ces stratagèmes qui m'ont presque coûté la vie. Tiens, sorcière, avale mon poignard, et malheur à ton filleul! »

Germain le Petit, ayant appris ce meurtre, voulut inhumer lui-même la malheureuse vieille. Il plaça le cadavre sur une voiture pour le conduire dans un cimetière. En route il s'arrêta, la nuit tombante, à une auberge. Pendant qu'il s'installait à une table, le maître de la maison sortit avec sa lanterne pour faire entrer la charrettte sous la remise. Apercevant une femme étendue sur un coussin et dormant, notre individu voulut d'abord l'éveiller; point de réponse. Second appel; point de réponse. Impatienté, il la souffleta si violemment, que la tête vola en morceaux.

A ce bruit, Germain le Petit accourt. L'hôtelier désespéré s'agenouille devant lui, offrant mille ducats pour n'être pas dénoncé à la justice.

L'autre consent. Puis il va chez son frère, fait briller à ses yeux toutes les pièces d'argent :

« Et dire, ajoutait-il en riant, que c'est en promenant le cadavre de marraine que j'ai acquis cette fortune !

— De grâce, fais-moi connaître le moyen d'obtenir le même succès.

— Naïf! rien de plus facile. Je te laisse le cadavre, traîne-le à travers la ville et crie à pleins poumons : « Qui veut acheter le corps d'une brave femme que j'ai tuée? »

Germain le Grand trouva l'avis excellent. Qu'arriva-t-il?... On s'attroupa autour de lui, on l'arrêta, on le fusilla.

Malgré toutes mes recherches, je n'ai jamais pu savoir ce que devint Germain le Petit. Quelques-uns m'ont affirmé qu'il fit une assez mauvaise fin.

L'HOMME SOT

Il y avait une fois un excellent garçon que personne n'aurait accusé d'avoir découvert l'Amérique et les mines du Pérou.

Sa mère l'aimait beaucoup, comme toutes les mères, mais, chose plus rare, voyait parfaitement sa sottise et l'appelait en souriant *el tonto*, « le nigaud. » C'était une pauvre femme qui pour vivre vendait des fruits et des sucreries.

Parmi les enfantillages de son bon enfant, il faut compter ses frissons à la vue du moindre insecte. Impossible de contenir ses soubresauts.

Corrigez-vous, disait quelque sage cervelle.
Hé! la peur se corrige-t-elle?

Un jour que Tonto se promenait dans les rues, invitant les passants à regarder sa marchandise : raisins, ananas et autres douceurs stomacales, il aperçut sur un de ses gâteaux un essaim de mouches frétillantes.

Que faire ? pensa-t-il. Si je laisse ces bestioles, personne n'achètera mes bonbons ; si je les chasse, elles vont en s'envolant me causer des tressaillements funestes.

Après avoir fort délibéré, il prit son courage à deux mains, ou mieux à une seule main, pour écraser les parasites. Il leva le poing et d'un seul coup en tua sept. Il avait bien aplati en même temps quelques fruits ; mais il se dit avec fierté qu'une grande victoire exige de grands sacrifices.

Et même, par le travail ingénieux de l'imagination, ces conséquences fâcheuses tombèrent une à une le long de la route, tandis que l'exploit grandissait, grandis-

L'homme sot.

sait. Rentré à la maison, le héros fit un récit enthousiaste.

Sa vieille mère comprit la vérité et se contenta de lui répondre :

« C'est bien, mon chéri ; tu vois qu'il ne faut pas trembler sans raison.

— Sans doute ; mais encore est-il que mon acte est une merveille et que j'ai l'intention de l'écrire sur mon chapeau.

— Mon fils, ne commets jamais une pareille bêtise ; tu deviendrais la risée de tout le monde.

— Nous verrons ! »

Et notre Tonto, qui cependant cherchait d'ordinaire à faire plaisir à sa mère, mit à exécution son idée géniale, puis sortit aussitôt pour se faire admirer.

Mal lui en prit. Les Péruviens le houspillèrent tant et tellement, qu'il fut obligé de fuir dans un pays lointain.

Or, dans cette contrée nouvelle, il produisit un effet très différent. Trois grands officiers de la couronne, l'ayant rencontré, rapportèrent à leur maître qu'ils avaient vu un homme extraordinaire sur le casque de qui on lisait : « J'en ai tué sept. »

« Amenez-le, » commanda le roi.

En apprenant cette demande, el Tonto fut enchanté.

Ma fortune marche bon train, pensa-t-il.

Il se présenta donc au palais et fut invité à s'asseoir au bas de l'escabeau royal, honneur très envié. Le prince lui dit :

« Dans une grotte, à tel endroit, vit un démon affreux qui veut épouser ma fille. Jamais elle ne consentira à pareille union. Par vengeance, ce démon répand des fléaux de tout genre sur mes peuples. Tuez-le, et la moitié de mon royaume est à vous.

— Le désir de Votre Majesté sera rempli. Accordez-moi seulement un long sabre et que trente hommes m'accompagnent. »

La troupe est en marche.

El Tonto, qui savait son catéchisme, se dit : Avec la croix je ne puis être vaincu, et il traça sur son arme un crucifix. Mais les soldats qui le suivaient étaient païens et, ne connaissant point ce mystère de salut, tremblaient de tous leurs membres.

« Capitaine, demandèrent-ils, qu'aurons-nous à faire ? »

Il leur répondit avec solennité :

« Je vous l'indiquerai quand l'heure sera venue. Ayez confiance. »

Cette phrase lui donna beaucoup de prestige.

Il paraît même que les gazettes du temps la publièrent, pour en faire comprendre à tous la profondeur. Mais je ne suis pas sûr de ce détail, et je tiens à ne rien mettre dans mes contes qui ne soit vrai.

Enfin l'on arriva près d'un petit bois, au bout duquel se trouvait la grotte luciférienne.

« Arrêtez, cria le chef, vous n'avancerez qu'à mon appel. »

Et il marcha droit à l'ennemi.

Le voyant s'approcher, le démon, couleur de viande rôtie, assis sur un trépied de flammes, ouvrit une bouche immense pour le dévorer.

L'autre présente son épée. A la vue du Christ qui y est gravé, l'ennemi baisse la tête. Aussitôt le jeune homme lui assène un coup vigoureux, et le malin est décapité.

« A moi, mes soldats! »

Ceux-ci accourent et n'ont qu'à porter le trophée.

Grandes réjouissances au palais et parmi le peuple émerveillé. La fille du roi pensa mourir de bonheur.

Au bout de quelques jours, le prince manda notre héros et lui dit :

« Je vous ai promis la moitié de mon royaume. Certes, je tiendrai ma parole si vous me délivrez d'abord de trois géants qui habitent la montagne voisine et sans cesse menacent mon pays de la guerre.

— Sire, que Votre Majesté soit sans crainte. Je prendrai un sabre comme la première fois ; veuillez me fournir un bataillon de cinquante hommes, et le succès est assuré. »

. . . .

El Tonto posta ses soldats à une certaine distance du danger, — c'était prudent, — et leur dit :

« Ne faites pas le moindre bruit, et n'accourez qu'à mon signal »

Il approche donc seul de la retraite habituelle des géants. C'était vers l'heure de midi. Appesantis par quelque dîner monstrueux, ils dormaient. De leurs grands corps couchés entre les rochers s'élevait et s'abaissait un immense ronflement,

assez semblable à celui des gros tuyaux
d'orgue.

Le capitaine grimpa, choisit une posi-
tion solide, et du pied poussa fortement
des rocs qui surplombaient les ennemis.
Bientôt on entendit un horrible craque-
ment : le ventre de l'un d'eux était écrasé
et éclatait.

Les voisins de la victime ne se réveil-
lèrent point.

Alors il prit une pierre d'un calibre
fort respectable, la dirigea dans l'œil du
second géant, puis se cacha. Celui-ci, ayant
été blessé, se dressa furieux, et ne voyant
que son troisième compagnon :

« Ah! traître! » s'écria-t-il, et il dégaina.

Le dormeur sentit l'épée traverser sa
poitrine; il eut encore la force de ferrailler
terriblement, mais succomba. Du moins
il avait fait une blessure mortelle à son
agresseur, qui rendit la vie au milieu d'un
lac de sang.

El Tonto siffla. Les soldats accoururent :

« Enlevez les têtes, dit-il, et portons-les à notre souverain. »

Contrairement à l'adage qui affirme que les rois heureux ne sont pas reconnaissants, le prince donna sa fille en mariage au vainqueur, avec future succession au trône.

Le héros, à la fin de son histoire, mérite un autre titre qu'au commencement. Il avait fait preuve d'habileté dans ses victoires, il montra du cœur en faisant venir sa mère pour la combler de joie et de richesses.

Depuis lors le pays fut très prospère, jusqu'à l'arrivée des Espagnols.

HISTOIRE

DE

PULGADITO LE POUCET PÉRUVIEN

Au temps jadis, il y avait une femme qui désirait épouser un ogre.

Hélas! se disait-elle, je suis si petite, qu'il me renversa. Mais il est très pauvre, et, pour le gagner, je lui montrerai tout l'or que mon père a tiré des mines du pays.

Elle fit une visite au monstre.

Or celui-ci venait de perdre sa cuisinière, personnage indispensable chez les ogres dévorants. Aussi ce fut avec joie qu'il accueillit les propositions de mariage faites par la señora.

« Mais écoutez-bien, dit-il, vous m'obéirez avec autant de promptitude que mes esclaves nègres.

— Je vous le jure.

— Alors tout est parfait. Mettons-nous à table. Nous mangerons peu ce soir, afin que notre estomac se creuse pour le repas de noces. »

On apporta pour la femme une côtelette et un verre de vin; pour son futur, un mouton et un barillet. D'une seule bouchée, le monstre avala plus de la moitié de son plat. C'est ici que me semble vraiment commencer le conte.

Le lendemain, toute la ville fut invitée aux réjouissances matrimoniales, sauf une pauvre vieille dont l'enfant, pas plus gros que le pouce, avait été surnommé Pulgadito. L'ogre détestait cette femme. Il l'aurait volontiers mangée, si elle avait été moins coriace. Mais il comptait sur la chair délicate de Pulgadito. A cette seule pensée il balayait avec sa large langue ses grandes dents aiguës.

Un beau matin il partit en campagne, portant un sac. Il se dirigea vers le champ où Poucet venait parfois, dès l'aurore, labourer avec une plume d'écolier, petite bêche qui était fée.

Il marcha longtemps. Fatigué, il s'endormit au pied d'un figuier. Justement, dans les branches de cet arbre, se trouvait Pulgadito en train de se régaler.

Le nain savait les projets de son ennemi. Alors, prenant des pelures de fruit, il s'amusa malignement à les lancer sur le nez du dormeur.

L'ogre se réveilla.

« Poucet, cria-t-il en l'apercevant, jette-moi des figues entières, ou je me fâche.

— Non, gourmand.

— Poucet, jette-moi la moitié d'une figue, ou je t'enlève.

— Non, gourmand.

3*

— Poucet, jette-moi le quart d'une figue, ou je te mets dans mon sac.

— Gourmand, tu n'auras que la pelure et les fourmis qui la mangent. »

Ce disant, le petiot fit tomber avec adresse, dans la bouche du monstre, quantité de figues pourries.

Une telle insolence mit l'ogre en fureur. Tout assis qu'il était, il allongea sa grande main, saisit le petit corps, l'enferma dans son sac, puis se rendormit.

Le nain tira son canif, fit un trou dans la toile, sortit, dénoua le sac, le remplit de gros cailloux et s'échappa.

Son somme achevé, le géant prit le paquet.

Diable! pensait-il, c'est presque lourd. Il paraît que le moucheron a engraissé pendant mon sommeil.

Lorsqu'il fut arrivé à la maison, il dit :

« Ma femme, tue la bestiole et fricasse-la. »

L'ogresse ouvrit le sac. A la vue du contenu :

« Hé quoi! répondit-elle, tu veux te moquer de moi! Me crois-tu donc assez naïve pour cuire des roches? »

L'ogre dut reconnaître qu'il était berné. Dans sa colère, il vociféra si fort, que tous les oiseaux des environs volèrent se cacher bien loin.

« Ah! petit drôle, répétait-il, ta plaisanterie te coûtera cher. »

Il prit ses bottes de sept lieues. En deux enjambées il atteignit le figuier où Poucet était remonté; il empoigna le nain, le mit dans son sac et s'endormit joyeusement.

Pulgadito se tira d'embarras comme la première fois, et remplit le sac d'épines. A son réveil, le monstre, emportant le paquet, se piqua la main.

Holà! songeait-il, voici la bestiole qui n'est pas contente et qui cherche à mordre.

A peine entré chez lui :

« Cuis dans une sauce blanche, dit-il, ce lutin qui n'a cessé de me piquer le bras. »

Mais la femme ne trouve que des orties. L'ogre furieux examina la toile soigneusement, et constata que plusieurs mailles étaient coupées.

« Enfin ! s'écria-t-il, je devine : c'est avec son couteau qu'il fait cela. En avant, et malheur à lui ! »

Bientôt il rencontra Pulgadito, qui s'amusait à cueillir des violettes le long des haies. Il le plaça dans le creux de sa main, et, malgré ses cris désespérés, le serra vigoureusement. En le remettant à l'ogresse, il recommanda de le frire dans la poêle, pendant qu'il irait se promener dans ses plantations.

La femme regarda Poucet. Il était mignon à croquer.

« C'est vraiment regrettable de le tuer, gémissait-elle; mais, si je n'obéis, j'aurai le même sort. »

Elle alla chercher une cuvette.

« Voyons, nain. Tu vas baisser complètement la tête, afin qu'un seul coup de hache tranche net, sans te faire souffrir.

— Je ne comprends pas très bien, bonne dame. Voulez-vous me montrer comment me tenir?

— Certainement, mon chéri. Tiens un instant mon coutelas. »

Et, penchant la tête sur la cuvette, elle voulut indiquer la meilleure pose. Aussitôt Poucet leva l'instrument et coupa le cou de l'ogresse. Puis il déroba les bottes de sept lieues et s'enfuit.

« Oh! oh! dit l'ogre en rentrant, je sens la chair fraîche. »

Il marcha vers la cuvette pleine de sang et reconnut le cadavre de son épouse...

Encore un tour de Pulgadito, songea-t-il; mais, je le jure, ce maudit nain le payera!... En attendant, mangeons ce qui nous est servi.

Après ce repas il chercha ses bottes. Ne les trouvant point, de fureur il ébranla un mur, puis il se mit en route pour attraper Poucet. Bientôt il aperçut son minuscule ennemi au sommet d'une montagne.

« Je te tiens, » cria l'ogre, qui allongea sa main immense.

Le petiot fit une enjambée qui le porta à sept lieues. Le géant suait à grosses gouttes; il se vit obligé de renoncer à sa poursuite.

Au bout de quinze jours, il s'ennuya d'être seul, et résolut de se marier une seconde fois. Cette nouvelle ogresse lui donna six enfants qui, à l'âge de six jours, étaient capables d'aller à l'école.

C'est là que Pulgadito fit leur connaissance, car il ne manquait jamais ses classes.

Or il dit un jour à ses frères (qui étaient au nombre de six) :

« On n'entend plus parler de l'ogre. Je crois que sa première femme l'a dégoûté de la chair fraîche. Voulez-vous venir le voir? Nous tâcherons de lui jouer un tour, ce sera très plaisant. »

Connaissant l'esprit et le sang-froid de Poucet, ils acceptèrent et allèrent ensemble frapper à la porte du monstre. Le soleil n'était pas encore couché, mais l'ogre lassé ronflait déjà dans son lit.

« C'est vous, mes amis, dirent lés petits ogres en les reconnaissant. Quel plaisir! »

On s'amusa jusqu'à minuit. Les Poucet voulurent alors quitter leurs camarades. Ceux-ci les retinrent :

« Il est trop tard, dirent-ils, pour vous en aller. Dans notre chambre, il y a deux lits capables de contenir chacun six personnes. Restez. »

Ce fut bientôt chose convenue.

Au moment où tout le monde allait s'endormir, Poucet, toujours à observer, vit que, suivant le cérémonial des ogres, on plaçait des couronnes d'or sur la tête des petits monstres.

Lorsque ceux-ci furent plongés dans le sommeil, Pulgadito se leva et crut bon d'enlever ces diadèmes pour les mettre sur la tête de ses frères.

Bien lui en prit, car l'ogre au milieu de la nuit fut troublé par une odeur de chair fraîche qui n'était pas celle de sa famille. Il sortit du lit, murmurant :

« Il y a par ici quelque chose de bon à manger. »

Guidé par son odorat, il entra à tâtons dans la chambre, les yeux tout appesantis. Il alla droit au Poucet, tâta les têtes, saisit les couronnes :

Par mon grand-père ! pensa-t-il, mon instinct me trompait : ce sont mes enfants.

Il courut à l'autre lit, coupa les têtes, retourna se coucher en se promettant de ripailler le lendemain.

Au lever, jugez de la rage de l'ogre et du désespoir de l'ogresse.

« Assassin! criait celle-ci.

— Folle! répondait l'autre.

— Tue-moi donc aussi.

— Hé! cela va venir si tu ne sais te taire. »

De fait, d'après certains historiens, l'ogre aurait volontiers mangé sa femme; mais il jugeait qu'elle était encore trop maigre. Je prie mon lecteur de m'excuser de ne point prendre parti dans une question si délicate, je craindrais d'embrouiller mon récit par une discussion savante.

Ce qui est certain, c'est que l'ogre se retira chez un de ses cousins pour se reposer de ses émotions et pour se faire tailler par une sorcière de nouvelles bottes de sept lieues.

Pendant ce temps, sur le conseil d'une fée sa marraine, Pulgadito fit ses adieux à sa mère, à ses frères, et passa dans le Brésil. Brisé par ses longues courses, il s'endormit au milieu des roseaux, sur les bords du fleuve des Amazones. Le monstre, depuis longtemps à sa poursuite, le découvrit sommeillant entre les fleurs, et d'un coup de dent savoura ses chairs délicieuses.

Si j'avais le talent de mon maître Perrault, j'écrirais de ce conte l'édifiante morale; mais vous la tirerez beaucoup mieux que moi.

TABLE

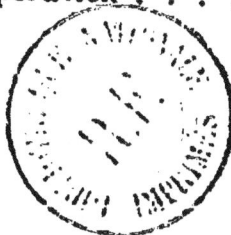

25822. — Tours, impr. Mame.

Original en couleur

NF Z 43-120-8